ヒロシマの人々の物語

ジョルジュ・バタイユ

酒井健［訳］

初出

Georges Bataille
« À propos de récits d'habitants d'Hiroshima »
Critique no.8-9, janvier-février, 1947

本文中の凡例

［　］→ 訳者による註
…… → 原文が下付き中断記号 . . .
ゴシック体 → 原文がイタリック体

ヒロシマの人々の物語【原注1】

地獄の人口が毎年五千万の霊魂で増《ふ》えていることをまず認めよう。一度の世界大戦は、このリズムを少し速めはするが、大幅に加速させることはできない。一九一四年から一九一八年の第一次世界大戦で逝《い》った一千万の人も、この期間に自然界が死へ葬《ほうむ》り去《さ》った二億人の数に加えねばならないのだ。人はすぐに科学の害悪を口にする。だが科学の恩恵は害悪をつねに上回っている。じっさい一七世紀の平均寿命は二〇世紀の平均寿命より短かったし、一七世紀以前はと言えば、人間はさまざまな災禍《さいか》に打ちのめされていた。

だとすると、民衆の比較的無感動《アパシー》な態度もさほど驚《おどろ》くにはあたらないということになる。民衆の無気力にしか出会わず、戦争に反対する気が我々を疲れさせていくとき、我々は、問題となっている不幸が死者全体のわきでそんなに大きな場所を占めているわけではないことを忘れている。夜の核心が侵《おか》しがたく在り続けていることを我々は忘れている。とはいえ、いったい誰が世界を恐怖から救いたいと思わずにいられようか。それは、何よりも重要な責務なのだ。ところが、何ということか！　きわめて熱意のある人々でさえ、自分たちが欲しているほど深く心を揺さぶられているわけではないし、大衆のほうもただ首を横に振って反意を示すことしかできずにいるのである。近年の二度の大戦も一般の意志に反して勃発《ぼっぱつ》した。戦争の殺戮《さつりく》は良心を反抗にかりたてた。にもかかわらず、恐怖心がどれほど大きくなっても、良心は、依然、愚《おろ》かなまま、不実のままだった……。そして好奇心と表裏の関係にあったのである。

戦争のおぞましさのおかげで人々は原則として（しかし結局、この原則とは何なのか）ただ震《ふる》えるばかりになっていたはずなのだが、数々のその経験が終わった翌日にはもう、戦争を絶《た》とうという配慮は、かつてないほどに萎《な》えてしまったのだ。我々は今、恐怖も希望もない不透明さのなかで生きている。政党でさえいくつかは、もはや、信念に盲目的にかられて《反戦闘争》を政治宣伝の原動力に用いるといった心意気を失っている。これらの政党は人を立ち止まらせるような発言を何一つしていない。あれこれの身近な目的に人々を注目させることのほうを好んでいる（いや、人々の関心をそらす、と言うべきか）。《賢者《けんじゃ》たち》からすれば、我々は大切なものを見ないまま、くだらないことに叫びを発し続けているのである。我々はハーシーが紹介するヒロシマの病人に似ている。この病人は、梅毒《ばいどく》にかかったのではないかという不安で絶望していた（一九四五年八月六日、朝八時一五分より少し前のことだ）。この男は、その直後に死んでしまったが、何が自分を待ち受けているのか知ることができなかった。我々はそうではない。我々は知っている。ヒロシマの病人のように我々が愚痴《ぐち》をこぼしながら《梅毒の血液検査》にかまけているとしたら、それは想像力がないからなのだ。常軌《じょうき》を逸《いっ》した軽薄のせいなのだ。少なくとも《賢者たち》は我々にそう繰り返し述べている。

しかし《賢者たち》の啓蒙《けいもう》的な英知が、民衆の盲目《もうもく》的な英知に比較していつも正しいとは限らない。原子爆弾の効果を要約的に考察する軽薄さ――この効果の重大さを測定する軽薄さ――が、それ自体、《賢者たち》によって軽薄に受け取られているのではあるまいか。両方の英知の傾向がともにある流れ、つまりパニックに陥《おちい》る傾向（理性的な言説の領域）と無関心の傾向（行為を決断する領域では無関心はほぼ全面的であるし、感性の領域では無関心は現実の問題だ）からなる流れは、一〇年前とほとんど同じである。今、しかし前者の傾向のほうで、いくつもの原子爆弾によって引き起こされるかもしれない結末が大げさに語られてしまったきらいがある（思い上がった態度で地球の終わりを恐れてみせる人がいる。我々にはたしかに宇宙の大惨事の可能性も、核戦争による終末の可能性もある。しかしさしあたって、地球破滅の可能性は、人間が原因にしろ、宇宙が原因にしろ、きわめて少ない）。民衆の盲目的な英知は、生命が奪《うば》われ有益な制作物が失われたところでそれで文明が終わりになるはずはないかのように反応していて、それはそれでたぶん正しいのだろう。じっさい文明はもう、遊牧民族の度重《たびかさ》なる侵略から帝国の秩序《ちつじょ》を維持するのに四苦八苦していた貴族階級の所産ではなくなっている。そしてまた、爆弾が雨霰《あめあられ》と投下されたとしても、そのあとに生き残った世界は、事前に語られたような砂漠になるはずはまずないだろう。であるのに、人間の精神力では本当にきちがいじみた試練にはとうてい歯が立たないなどと人は性急に想像してしまった。たとえばアルベール・カミュは、ためらうことなく、こんなふうに言い切っているのだが、私には正しいとは思えないのだ。「……明日の戦争では人類はひどく手足をもがれ貧困を強いられるだろうから、そのときには、秩序といった発想それ自体が決定的に時代遅れのものになるだろう」（『コンバ』紙、一九四六年一一月二六日、「犠牲者も否、死刑執行人も否」と題された注目すべき連載より）。だがそうは言っても……。

地球全体がウラニウムに毒されるのを目にする可能性は、当然、広汎《こうはん》な反応を何らか引き起こしてしかるべきものである。しかし、我々が入りこんだこの不快な状況のなかでは、奇妙なことに、人間の声は、かつてあれほど力強く聖戦（征服、十字軍、宗教戦争）へ向かわせたり革命に向かわせたりしていたのに、今や、史上最も明白な理由を前にしていても、その美徳の影［栄光］［訳注1］を持てずにいるのである。たしかに、このうえなく非力な政党の党首であっても、支持者からの反響に出会いはする。しかし蜂起《ほうき》が生じる気配は見えてこない。内容空疎な言葉によらずに現代世界の重大な心配事に応《こた》えようとするあの民衆の蜂起のことだ。

精神の日常的な尺度と原子爆弾がもたらしうるものとがあまりにかけ離れているため、人はただざまよって、空虚の前で想像力を空回りさせるばかりなのだと言い立てるのは正しい。そしてまた、原爆の爆心地からの隔《へだ》たりは単に地理上だけの問題でもないのだ。日本の世界と我々の世界とのあいだに精神的なコミュニケーションが希薄であることは否《いな》めない。したがって、ヒロシマとナガサキの原子爆弾は感性よりも思考のほうに多くを提供している。もしも原子爆弾がフランスのボルドーかドイツのブレーメンに投下されていたならば(これらの都市が爆撃を受けておらず、また退去勧告もでていなかったとしての話だ)、我々は目下のように、この爆弾の投下を、なかば科学的な実験という意味あいではとらえていないだろう。なかばというのは、この実験の規模が想像力を動転させるほどであるからなのだが、といってもその悲劇的な効果は、確実なものであり、感性的な表現[représentation sensible]の外部にある。アメリカ人は、場所的に我々より日本人の近くにいて、数年間お互いに破壊しあって作った悲痛な絆《きずな》で日本人と結ばれている。そのうえアメリカ人は、原子爆弾を発明し、製造し、投下した事実に苛《さいな》まれていて、フランス人よりもずっと不幸なのだ。アメリカ人の神経質な感性は冒《おか》されている(この事情はイギリス人においてもほとんど同じだ。彼らは日本との戦争および核兵器の発明に密接に関わっていた)。ジョン・ハーシーの小著『ヒロシマ』は、被爆した生者たちが語る原爆体験をよくつなげて細心綿密な物語に仕上げた最初の著作であり、そこでは細部が多様な網の目になって全体を作り上げているのだが、まさしくフランス人よりもアングロ＝サクソン系の人々の配慮に応《こた》えた書物なのである。しかし彼らよりフランス人にとってこそ、この小著は重要な意味を持つ。というのも、この小著が本質的に提供しているものがフランス人のほうにこそよりいっそう欠けているからなのだ。フランス人のほうによりいっそう欠けているもの、それは、ほかならない、この大異変についての感性的な表現である。

ハーシーの『ヒロシマ』のなかで我々が目にするのは、幾人かの人物がおぞましさのなかへ突如《とつじょ》突き落とされる光景である。彼らは、その生活も性格も我々になじみのある人たちなのである。彼らは、我々が日々目にし、親しみのある名で呼んでいる男や女、子供とそっくりなのだ。藤井医師、佐々木医師、ドイツ人イエズス会修道士クラインゾルゲ、谷本氏、佐々木嬢、中村夫人とその子供たち。彼らは、我々が知る医者や、イエズス会士、タイピスト、戦争未亡人、子供たちとほとんど変わらない。よく晴れた不幸の日に、彼らは、朝起きて、運命によって定められた場所へあの瞬間に行きかけていたのだが、予期せぬ遅れややっかいな仕事のせいでからくも死だけは免《まぬが》れることになる。しかしそのおぞましさはとうてい免れることはできなかった。我々は彼らのそんな光景を目にするのである。警戒警報が解除されたあと、青く澄《す》みわたった空から、あの雷が降ってきたのだ（ヒロシマの街はまだ爆撃を受けておらず、[訳注2]空襲にそなえながら生きていた）。こうして一人一人に一種の啓示《けいじ》が始まったわけだが、それは、各人個々別々に、何が起きたのかさっぱり分からないうちに始まったのである。なかなか内実を明かさないけちくさい啓示、茫然《ぼうぜん》とさせる啓示、終わりのない啓示だった。ある意味ではそれはむしろ啓示の反対物だった。というのも、誰も彼も、あれこれの無意味な憶測《おくそく》にだまされていたのだから（たとえば人々はその日この災厄《さいやく》を《モロトフの花籠《はなかご》》のせいにしていた――日本人は、落下の途中で四散する房《ふさ》状《じょう》の爆弾をこう呼んでいた）。そして、ヒロシマの人々よりも前に世界全体が知ることになる。この街が地球を動転させることになる発明で、それも発明した人々をも茫然《ぼうぜん》とさせた発明で、まっさきにひどい犠牲になったということを。ヒロシマの街角《まちかど》で、ある男は、太陽と同等の熱を帯びた圧倒的な閃光《せんこう》に目をくらまされたのだが、爆音は後に続いてこなかった。巨大な爆発はこの男に何も知らせはしなかった。彼は一匹の動物のようにこの爆発を被《こうむ》るばかりで、その途方もない広がりを知ることさえなかったのだ。その場すぐの状況において、この孤立《こりつ》した男にとっては、せいぜいのところ、ごく近くで一個の爆弾が炸裂《さくれつ》したということだったのである。それはいささかも、アメリカ合衆国大統領トルーマンがラジオで世界に知らしめた事件でも、未来への飛躍でもなかったのだ。［訳注3］世界はこの知らせに驚愕《きょうがく》した（しかしまた不安にかられもしたのだ）。つまりトルーマンに耳を傾《かたむ》けた世界の人々にとっては、この事態は、最初から、未来に影響を投げかける《歴史的な出来事》だったのである。この政治家はラジオでこう伝えたのだ。「この爆弾の威力は、T・N・T火薬二万トンの威力よりもまさる。その爆風は、兵器技術がこれまでに作り上げた最大の爆弾、すなわちイギリスの《グランド・スラム》の爆風をしのぐこと二千倍である」。市の中心街からおよそ三キロメートル離れたところで、広島メソジスト教会牧師の谷本氏、この「話し好きで、よく笑い、涙もろい小柄な男」は、路上で一息入れていたところだった。衣服のつまったタンスをリヤカーに乗せ、友人の松尾氏と引いていたのだが、疲れてしまったのだ。「飛行機の音は聞こえなかった。朝の静けさのなかで、その場所は涼《すず》しくて気持ちがよかった。そのとき、巨大な稲光《いなびかり》が空を切り裂いた。その光は東から発して、市街から周囲の丘へ走っていったと谷本氏は正確に思い出す。それは、陽光の大きな広がりのようだった。松尾氏と彼の二人は恐怖にとっさに反応した。二人とも反応して動く時間はあったのだ（というのも彼らは、爆心地から三五〇〇ヤード［一ヤード＝〇・九一四四メートル］、すなわち二マイル［一マイル＝一・六キロメートル］離れていたからだ）……。谷本氏は四、五歩走って、庭の二つの大きな岩のあいだに身を投じた。そして、その一方の岩に体をすりよせた。岩にぴったり顔を着《つ》けていたので、何がおこったのか分からなかった。突然、上から圧迫感を感じた。木々の破片、板の切れ端、屋根《やね》瓦《がわら》のかけらが降ってきたのだ。雷鳴はまったく聞こえなかった……。勇気をだして頭を突き出すと、レーヨンの製造所が倒壊しているのが見えた。爆弾が一発そこを直撃したのだと谷本氏は思った。

土埃《つちぼこり》が雲のように立ちこめていたので、暗闇《くらやみ》のなかにいるようだった。パニック状態で、彼は通りに出た……。最初に目にしたものは、兵士の一小隊だった……。安全だと思って彼らは避難所に隠れていたのだろうが、そこから出て来た彼らは、頭から、胸から、背中から、血を流していた。彼らは、黙ったまま、茫然《ぼうぜん》としていた。埃《ほこり》の雲が覆《おお》っているのはこのあたりだけのように思われたのだが、陽光はどんどん暗くなっていった」。ジョン・ハーシーの表現方針は、現代の報道の方法上の原則にしっかりかなっている（アメリカ人は情報伝達者の仕事に厳密な基準を課そうと努力しているが、この努力はフランス人がほとんど与《あずか》り知らないものだ）。具体的に言えば、ハーシーが取った方針は、自分のルポルタージュを、証言者たちの記憶に記録された多様な視像［vues］の連続に留《とど》めるということである。彼のこの方針は次のような特記すべき結果に達した。すなわち、著者によって報告される様々な記憶の内容が**動物的な**体験の次元に留められているという結果である。これは、著者のきわめて優《すぐ》れた方法に拠《よ》る。もっと詳しく言えば、大惨事の直接的な体験が個々別々に孤立《こりつ》させられていることに拠るのである。同じ大惨事の**人間的な**表現は、トルーマン大統領が語った表現である。トルーマン大統領の表現は、ヒロシマへの原爆投下を即座に歴史のなかに位置づけている。そしてまた、この投下によって世界にもたらされた新たな可能性を明示している。逆に、谷本氏の表現は、価値としては**感性的な**価値しか持っていない。というのも、この表現においては**知性**の部分が、錯誤《さくご》に陥《おちい》っているからだ。錯誤はこの表現の人間的な側面なのである。しかしそれ以上に、この錯誤から際立《きわだ》って見えてくる真なるものは、もしも動物に記憶があったならば、その記憶が保持していたようなものなのだ。ハーシーのこの著作の第一章においては、全体にわたって、原爆投下とその直後の模様に関する多様な証言者たちの記憶の内容が次々に続く（フランスではJ＝P・サルトルが『猶予《ゆうよ》』のなかで採用したやり方によって）[訳注4]のだが、この章全体が、一つの事件の**動物的な**視像になっている。その事件の本質は、人間の運命を変えることにあるのだが、この**動物的な**視像は、細かく区切られていて、錯誤ゆえに未来への展望を奪《うば》われているのである。ヒロシマの人々の証言とトルーマン大統領のラジオ放送との違いは、またスタンダールの小説『パルムの僧院』にあるワーテルローの戦いの話[訳注5]とこの事件の歴史的表現との違いでもある。だがこの場合、スタンダールの戦場表現は、ある配慮によって**人間化**されている。つまりスタンダールは、別の形式の**人間的な**関心を目ざしているのだ。より詳しく言えば、この小説のなかのこの有名な話は、個人の視像、それもかつてはなかば動物的であった視像を人間的な表現のなかへ**歴史的に**挿入《そうにゅう》しているのである。これに比較すると、ジョン・ハーシーのルポルタージュは素朴《そぼく》なものだ。彼が導入している視像は、確固とした方法の成果ではあるが、スタンダールの小説のように凝《こ》った構成の成果ではない。

原子爆弾の爆発がどんな直接的な反応をもたらしたか我々は切に知りたいと思うのだが、そうした先立つ好奇心をわきに置いて、この第一章それ自体を見た場合、その面白みはあまりないと言っておかねばならない。原子爆弾の登場に関してジョン・ハーシーが我々に伝えていることは、何千もの大型爆弾に関する報告文と変わらない。もしくはほとんど変わらない。印象はさほど強烈ではないのだ。だからこの印象を、原子爆弾に見合うように、さまざまに被爆したあの膨大《ぼうだい》な人の数――二〇万人以上にのぼる――によって単に掛け算しなければならない。だが、このように掛け算しなければならない必要性は、とりもなおさずこの事件の理解可能な――人間的な――現実のほうへ向かうわけなのだが、この必要性がはっきり語られて現《あらわ》れてくるのはやっと第二章になってからなのである。谷本氏は、幼児を背中におんぶしたまま叫んでいる女性を助けねばならなかった。「他の人を助けねばならないと思って、谷本氏はすぐさま恐怖心を振り払った。小学校で（そこはあらかじめ救護所に指定されていて、彼は今その女性を案内したばかりだった）彼は、床に窓ガラスの破片が散乱し、五、六〇人の負傷者がすでに治療《ちりょう》を待っている光景を目にして、驚《おどろ》いた。

彼はじっくり考えた……いくつも爆弾が投下されたのにちがいない。小高い丘から目にしたヒロシマ全体の眺めを思い出した。その大地の高みから、驚くべきパノラマが眼の前に広がっていたのだ。彼が予想していた已斐《こい》地区の一部だけでなく、くぐもった大気越しに見わたすヒロシマの全域が、色濃く恐ろしい毒気《どくけ》のようなものを発していたのである。一面の土埃《つちぼこり》のなか、近くから、遠くから、煙《けむり》が幾重《いくえ》にもかさなって立ち昇っていた。いったいどのようにして、これほど広域の破壊が静かな空からやってきたのだろうと彼は自問した。かなり上空の小さな編隊であっても、飛行機の爆音が聞こえたはずなのだが」。谷本氏が答をだせなかった疑問は、この事件の人間的な意味を探し求めるというかたちで、この意味を少なくとも導入してはいる。そしてジョン・ハーシーのこの注目すべき本の面白さは、そのようにしてゆっくりと啓示《けいじ》がなされていくところにある。つまり、人々を個別に、動物的に、襲《おそ》った大惨事を徐々に理解可能な表現へ変えていく、ゆっくりした啓示にあるのだ。

こんな識別は無益な作業にすぎないと思われるかもしれない。しかし今や私は自分の考えを説明することができるのだ。ハーシーの『ヒロシマ』を最初に読んで私に衝撃だったことは、もしも以下に述べるような理由がなかったならば、おぞましさの孤立《こりつ》した光景は私をいわば無関心のままにしておいただろうということである。しかしそうはならず、私が不安のなかで読みすすみ、このうえなく重たい現実に触《ふ》れる感覚を持った理由は、この私が、知っていたからなのだ。つまり私が、平凡な恐怖の反応を、ウラニウム爆弾の製造によって切り開かれたさまざまな可能性に一挙に関係づけていたからなのである。そうして私は、毎年生じる五千万の死は人間的には意味がないことを理解した（じっさい我々はこの五千万の死を避《さ》けることができない――それに、万が一避けることができるようになったところで、我々は、そんなことはいっさいしてはならず、そのことで生じる不幸は千のヒロシマよりも深刻であることをすぐに見てとるはずである。というのも、生の絶え間ない若返りには無数の死が必要なのだから）。しかし六万人の死は〔訳注6〕意味深長である。というのも、六万人を殺すのか生かしておくのかの選択が、この六万人と同様の人間にかかっていたからである。原子爆弾の意味は、人間が原因になっているところにある。つまり原子爆弾とは、**人間の両手**が未来の上にあえて意図的にぶら下げている可能性のことなのである。そして原子爆弾は一つの行動の手段なのだ。津波や火山が引き起こす恐怖には意味がない。なぜならば、津波や火山は、人に屈従《くつじゅう》を強《し》いる**ために**恐怖を引き起こしているわけではないからだ。一方、ウラニウムの核分裂《かくぶんれつ》は一つの企《くわだ》てであり、その目的は、恐怖によって強制すること、恐怖を引き起こす側の意志を相手に強制することにある。と同時に、この核分裂は、その犠牲者たちの企てを不可能にする。まさしく、他の企てを不可能にするための、可能な企ての表現、これこそが、原子爆弾が受け取る**人間的な**意味なのだ。そうでないならば、原子爆弾は、煙《けむり》にあぶられた白蟻《しろあり》の巣という**動物的な**意味しか持たなくなるだろう。

しかし我々は、ジョン・ハーシーの物語を読みすすめていくと、原子爆弾の途方もない威力のおかげですぐに白蟻の巣の**深み**へ連れ戻される。死なずにこの威力を被爆してその証言者になった人々は、自分たちの不幸の理解可能な表現を保持するだけの力をもはや失っていた。彼らは、白蟻が理解不可能な巣の破壊の犠牲になるのと同じように、何も理解できないまま不幸の犠牲になっていたのだ。最初彼らは、この効果をふつうの爆弾の効果と区別することができずにいた。次《つ》いで、災厄《さいやく》の巨大さに気がついていくものの、非人間的な朦朧《もうろう》状態から抜け出せずにいた。大惨事の観念が引き起こすきわめて人間的な眩暈《めまい》は、感性的な想像力によって大惨事に近接していることを前提にしているが、しかしまた最低限の距離も前提にしている。ヒロシマのおぞましさは、そのような観念のための熟慮思考がもうわずかしか働かない地点に達していたのである。思慮は、通常、そのための配慮が存続することを欲するものなのだが、このおぞましさのなかでは、配慮以前に、配慮を生みだす希望がまず存続してほしいと願っていたのである。短いくだりをいくつか引用しただけでは、とうていこの本を読んだことにはならない。なにしろ、そこでは、化け物のように恐ろしい細部や、細かな事実がどんどん増えていくからである。死者たちに混じって、一万人の負傷者が、血を流し、吐《は》き、死につつあるのだ。彼らは、病院の階段や通路、中庭にあふれ、六人の医師に手当てされている……。しかしこれはまだこの不幸のほんの簡単なイメージにすぎない。谷本氏は、妻と教会を求めて、廃墟《はいきょ》のなかを走っていった。途中で何百人もの負傷者に遭遇《そうぐう》するのだが、彼だけが唯一無傷の存在として描かれている。「何人かの人は眉《まゆ》が焼けただれ、顔と手から皮膚が垂れ下がっていた。別の人たちは、苦痛のため、手を上げたままだった。その姿はまるで両手でなにかを下《さ》げているかのようだった。歩きながら吐いている人もいた。大半の人が裸《はだか》かぼろぼろの服を着ていた……。また多くの人が、負傷しているのにもかかわらず、もっとひどく傷を負《お》った親たちを助けていた。**ほとんど皆、頭《こうべ》をたれ、前を見つめ、何も言わず、顔に表情も浮かべずにいた**」。もう少しあとを読んでみよう。谷本氏は、河の岸辺に横たわった負傷者を何人か発見した。彼らは衰弱《すいじゃく》しきっていたため、海の潮位《ちょうい》が増してきても動けずにいた。彼はこの人たちを助けにかかった。「かがんでひとりの女性の手を取ると、その手から皮膚がすっぽり抜け落ち、手袋に似た大きな塊《かたまり》になってしまった。このため彼は気分が悪くなり、一瞬しゃがみこんでしまった」。谷本氏は、小舟を借りて、やっとのことで、負傷者たちの身体を岸辺のもう少し高い所へ移すことができたのだが、しかし翌朝になると、潮《しお》がさらに高くなって彼らを溺死《できし》させてしまった。私がこの一事を引用するのは、かくも無益な勇気のおぞましさのためではない。この挿話《そうわ》をしめくくる次の文章のためなのだ。「**彼は意識をはっきりもって絶えず自分にこう言いきかせねばならなかった。これは人間なんだぞ、と**【原注2】」。こうした物語の全体から浮かびあがってくるのは、これら不幸な人々によって維持されていた人間的な振る舞いが、動物的な朦朧《もうろう》状態の根底の上でかろうじて続いていたという事実である。

こうした不幸が再来することを我々は恐れているが、その不幸を知的に表現すると、そこには、感性的な表現がもたらす情緒的な要素が欠けてしまうのであり、この要素がないと思慮は効果のないものになってしまう（必要不可欠な生き生きした反応があとに続かなくなる）。人はまずこんなふうに想像する。しかしすぐに気づくのだ。感性の高揚《こうよう》に訴《うった》えかけることはそれほど重要ではない、と。たしかに、この高揚は、現実に有効な価値を度外視しながら、心の弱った人たちの感傷だけを増幅させてしまう。というのも、思慮によってもたらされる効果といえば、雄々《おお》しい態度であるか、そうでないなら何ものでもないからだ。しかし、もしかりに我々が、感傷癖を捨てつつ、感性的感動の可能性の極限へ決然と向かったとする。それこそ人間的な態度なのだが、そうしたとき我々の眼の前に現れる《あらわ》のは、動物的な苦悩の果てしない《不条理》なのである。そして思慮がこうして我々を導《みちび》いていく意味のない世界のなかでは、大異変は、それが生起する瞬間に限定される。その表現は、その瞬間の後の帰結への配慮をどのようなものであれ越えていく。したがって、感性的感動は政治活動のような行動の出発点にはなりえないのだ。そして人は確信をもってこう述べることができる。想像力というのは、たとえどんなに生き生きしていても、不幸の再来を回避しようと行動している人々に対しては、無視しうる力しか提供できない、と。極限にまで向かう感性は、政治から離れていく。しかもこの感性にとって世界はもはや、苦しんでいる動物にとってと同様に、ある一点において、巨大で、不条理だけに閉じられた不条理でしかないのである。その一方で、出口を求めて政治の道に入っていく感性は、いつも質的に劣悪《れつあく》なのだ。この感性はごまかしをしている。明らかに、この感性は、政治の目的に**仕える**ことで、もはや**奴隷《どれい》的な**、あるいは少なくとも従属的な感性にしかなっていない。ごまかしはきわめてはっきりしている。ヒロシマの不幸は、装《よそお》われることのない感性の視点から自由に考察されるのならば、他の不幸から切り離すことのできないものになる。原子爆弾の何万もの死者は、毎年自然界によって死へ葬《ほうむ》り去《さ》られる何千万もの死者と同じ次元にあるのだ。両者のあいだに年齢や苦痛の違いはたしかにある。しかし不幸の原因や濃度はなんら事態を変えはしない。両者において、おぞましさは同じなのだ。原子爆弾の死者が原則として排除しえて、自然死のほうはそうではないという違いは、最終的にはたいして関心を引かなくなる。至高の感性［訳注7］は、感傷や同情とは何の関係もないのだが――感傷も同情も曖昧《あいまい》なのだ――、アンドレ・マルローによって正確に言い表されているように思える。彼は、共産主義者に向けてこう言ったのだ。「今この瞬間に、列車に轢《ひ》かれた人を君たちは、いったいどうするというのか?［訳注8］」。マルローは、感性を公然と理性に従属させている共産主義者にこの難問をつきつけている点で間違っていた。しかし彼のこの異議は、感情に従《したが》おうと考えている人たちに差し向けられているならば、有効だろう。

じっさい、ヒロシマを孤立《こりつ》させながら、ヒロシマのおぞましさにうめき声を発するというのは、不幸を正視する勇気がないということなのである。この不幸の深い無意味は、戦争という回避しうる暴力の結果であるばかりでなく、人間の生の構成要素でもある。となれば、雄々《おお》しい理性の原則が支配する活動の世界に頼まねばならなくなる。ところが、そこでは、どうすることもできない不可能なおぞましさへ配慮を差し向けこれに応《こた》えるなどということはなされず、一個の狭い体系の目的に仕えることばかりがなされているのだ。つまりそこにいるのは曖昧《あいまい》な感性の人間であって、彼は同時にまた文明の人間でもある。つまりこの人はふだん、理性の方向へ突き進むことも感性の方向へ突き進むこともないままに、文明を支持している。この人は、自分の信念にとらわれていて、相互に対立する自律的な諸体系から文明が成るという事実を無視している。この人は、悪が存在することは知っている。しかし彼が戦争の野蛮《やばん》に対立させている《文明》が、どんな理想主義的な夢想によっても変形されない今ここにある現実の文明であることを、つまり相矛盾《あいむじゅん》する諸実体から成っているため戦争の原因になっている、そういう文明であることを、見ようとしないのだ。もっと明確に、そしてもっと一般的にとらえてみると、この人は、明日への配慮に基づいた人間の諸体系を擁護《ようご》している。つまり将来起こりうる災害に不安を抱き、世界の諸可能性を定期的に搾取《さくしゅ》する、そういう明日への配慮に基づいた人間の諸体系を擁護している。私は、これらの体系を擁護しなくてよいと言いたいのではないし、明日への配慮は簡単に捨て去ることができると言いたいのでもない。そうではなく私が言いたいのは次のようなことだ。つまり、文明を成り立たせているこの配慮と不安は、つねに、さまざまな活動の総体をいくつも指図していて、しかも相異《あいこと》なる国家が、これらの活動の必要にせまられており、これらの活動を放棄《ほうき》することなど断じて認めてはいないという事態である。つまり、文明化された各単体（すなわち文明）は、いかなる感性的な考察よりも自分の事業（未来を確保するための事業）を優先させると公言してはばからないということだ。これは次のことを意味している。つまり、戦争のおぞましさと、一つの社会が未来を確保するのに必要だと判断している活動の一つの放棄とのあいだで選択をせまられたならば、社会は戦争のほうを選ぶということである。例外はあるが、それは、戦えないという戦闘不可能な状態や、錯誤《さくご》や、明らかに骨抜きにされた譲歩《じょうほ》に拠《よ》る。このようなわけで、各国家は、活動の要請《ようせい》には躊躇《ちゅうちょ》なく応《こた》えるのに、感性の要請への対応は最小限に留《とど》めておくのである。奇妙なことに、国家次元での未来への配慮がまず個人の安全と存続の可能性を減少させているのだ。しかしこれは、今現在——我々が苦しみ、死につつあるこの現在——に対して人間が無関心であり、生きたいという欲望をそうして無力にさせている兆候なのである。

生を確保しておきたいという欲求が、生きたいという欲求よりもまさっているのだ。ある一点でだけ感性の高揚《こうよう》と国家の理性的な関心とが一致する。生を滅ぼす破壊行為は、個人が死につつある瞬間に関わっているだけではない。国家という集団にも無秩序《むちつじょ》と衰退《すいたい》をもたらすことがある。国家にとって、死は恒常的な被害だが、さほどのことではない。出生率がこれを補《おぎな》っている。しかし戦争での犠牲者は、敗北の恐怖とは別に、国家の活動力の減少を意味している。一つの戦闘の損失を埋め合わせる「パリの一夜」というナポレオンの言葉は、［訳注9］国家の視点をかなり忠実に表わしている。しかし敵が放つ弾丸は社会を致命的に流血させる可能性を持つ。このとき国家全体が曖昧《あいまい》な感性の人間と関係してくるのだ。しかし驚《おどろ》くべきことだが、このときこの曖昧な感性の人間は、国家の合理的な関心事におおむね対応した諸点にのみ自分の感性の動きを限定するのだ。たしかに、表向きはこの人間の感性は既存の発想をくつがえす。たとえば、自分の国の不幸を他国の不幸と、さらには敵国の不幸と同列において考察したりする。これは、感傷が合理化（普遍化）するからで、一個の国家理性の限界を**原則として**守っていられなくなるからだ。しかし全体としては、結局のところ、感傷は、この限界を復活させてしまう。というのも、苦悩する大多数の人々は国家の損失にもっとずっと敏感なのだから。これらの人々は、ともかくも、合理主義の見方を国家から受け取っていて、その合理主義の見方によって自国の彼方《かなた》へ目をやっているのだ。彼らは国家の精神的な限界を心に維持しておくことでやっと国家の地理上の限界を越えている（それも軟弱に）。唯一、彼らや国家の活動を根底から混乱させるような損失だけが、彼らを絶望で茫然《ぼうぜん》とさせるのだ。だから戦争という回避できる損失を予防することが大切だと語るようになるだろうが、しかし曖昧《あいまい》な感性は、すでに**マイナーな分子として**、あの《文明》に奉仕させられている。個々に分離した諸国家に限定されているところに真実がある《文明》に奉仕させられているのだ。そしてこの隷属《れいぞく》の結果について言うならば、隷属していたことがその結果によって異論の余地なく正当化されるなどは言えないだろう［隷属した結果が戦争だったのだから］。先の大戦の前、戦争の不幸を避けたかったにしろ、その不幸の原因に仕えていた人が、正当な理由をもって、この不幸は避けることができると言っていたのかどうか私は知らない。しかし結局、何も避けることはできなかったのだ。

だがたとえほんとうに感性の動きが出口のない道に巻き込まれているにしても、あるいはまた感性の外部の原理への従属が戦争という誤算の原因であるにしても、何ものも従属させないとする拒絶が道を開くとは言えない。逆にこの拒絶は道を閉ざしてしまう。少なくとも、まだ残存している出口の幻影に背を向けることになる。たしかに、至高の感性の瞬間は、従属的な感傷の諸状態とはなにからなにまで違っている。ある意味でこの瞬間は、純粋な動物的感性に近いとさえ言える。理性の限界から自由になっていて明日への配慮からも自由になっている感性に近いのだ。一匹の動物のように、至高の感性の人間には、現在の瞬間より先は視界に入らない。彼は、今**ある**不幸に、未来**あるだろう**幸福を埋め合わせとして提供されても、興味を示さない。彼の見方によれば、不幸に与えられる唯一の答えは、今この瞬間に、即座に、価値を発揮《はっき》しなければならない。とはいえ彼は次の点で動物と根源的に異なる。すなわち、直接的な感性とは、原則として、人が理性的な段階に達するとすぐに理性に従属させられてしまう感性なのである。それに対して、至高の感性は、理性の上に位置づけられる。至高の感性は、効果のある活動の限界内では理性を承認しているが、理性を乗り越え、理性を従属させる。ただし、至高の感性がまず感傷というあり方で現《あらわ》れるのは当然のことだろう。というのも、ある意味で、至高の感性の最初の動きは、理性の限界内にあり続ける感性のむなしい反抗であるからだ。至高の感性は当初、理性のように何かをおこないたいと欲し、しかしそれでいて自分自身の目的のために何もできずにいたのだが、しかしこのようにむなしいままだった感傷が、高揚感《こうよう》によってあまりに深く引き裂かれると、自由の身へ解放されていくのである。しかしまた、驚《おどろ》くにはあたらないことだが、この解放がほとんど確固たるものになる瞬間にはもう、この解放それ自体のむなしさが明らかになり、これが新たな試練になってこの解放に襲《おそ》いかかるのである。この瞬間とは、破壊のための軍事技術が何十倍もの手段を手に入れる瞬間でもある。じっさい、至高の感性の人間は、原子爆弾の誕生と無関係ではない。【原注3】この人間の途方もなさは、科学の、つまり理性の、途方もなさに呼応している。

今や私はこうした態度を描き出してみたいのだが、そうするために、十字架についてのキリスト教徒の瞑想《めいそう》や死体の山についての仏教徒の瞑想という、感性の《きわめて重要な》(cruciale) 体験から出発したい。双方の瞑想とも、人を意気《いき》消沈《しょうちん》させるどころか逆に、極端な苦痛から「喜びを超える喜び」へ達する、管《くだ》のような通路と素早い流れを作り出している。しかし、キリスト教徒の感性にしろ仏教徒の感性にしろ、理性の覇権《はけん》への安定した従属を、いやそうは言わないまでも、理性の覇権への根本的な譲歩を、前提にしている。両者とも、瞬間を断罪している。つまり、今実在するものを、世界を、有罪だとしている。両者ともこの感性的な世界を断罪しているのだ。ただし、両者とも同じような動きでこの感性的な世界を可能性の極限へ導《みちび》いており、しかも理解可能な領域の真実の名のもとにのみ、この世界を断罪することができているのである。とはいえ、このようにごまかしをおこなうのは容易なことではない——少なくとも、感性の危機が耐えがたいものの段階に達しているかぎりではそうだ。あるがままの瞬間、つまり美辞麗句《びじれいく》にも遠回しな言い方にも付きまとわれていない瞬間こそが、人間の存在を包みこんでいるのである。そして、もしも人が極限の状態に達しているのならば、この瞬間は、そのあとにやってくるいかなるものによっても相殺《そうさい》されたり、埋め合わされたりすることのないものになる。ニーチェはこの瞬間の最初の体験者だった。少なくとも、かなり明確にこの瞬間を表現した最初の人だった。[訳注10]《永劫回帰《えいごうかいき》》の観念は彼を極限的な悲惨と恍惚《こうこつ》が混じった状態へ導《みちび》いたのだが、最初のうち、この状態を理解するのは難しい。見たところ、この同じ観念が、多くの読者に伝達されたのだが、彼らの感性を深々と襲《おそ》ったわけではなかった。とはいえ、ニーチェの体験を、至高の感性の瞬間と同一次元に置いてとらえることは可能であるし、必要でさえある。逃げ道のないまま瞬間が生きられる、そういう至高の感性の瞬間と、だ。

ところで、このニーチェの《神秘的な状態》【原注4】は、仏教徒やキリスト教徒の宗教的な状態とはただ次の点で違うだけなのである。すなわち後者の宗教状態においては、そのごまかしが突然にあらわにされるのだ（到達の困難さがこのごまかしによっていっそう深刻になる）。つまりニーチェの《神秘的な状態》では、瞬間、今この時の感性の瞬間が、至高になっており、もはや責任転嫁《せきにんてんか》などしていない。つまり瞬間を押しつぶす重圧を、偶然性によって包みこまれていないような現実のせいにする——そんな現実など虚無なのだが——といった責任転嫁をしていないのだ。では何が、これほど完璧な賭《か》けにおいて、恍惚《こうこつ》を避《さ》けがたいものにし、一個の輝きのように恍惚を解き放ち、想像を絶する破滅をも光明《こうみょう》へ変えているのか。それは、ほかならない、いかなる希望をも抹殺《まっさつ》するということなのだ（ここで否定的に考察されている希望とは、未来への猶予《ゆうよ》のことにほかならない）。もしも瞬間が、休みなく、私の前で、いやむしろ私のなかへ、サイコロが落ちてくるように到来し、そのたびごとに、その落下のなかに永遠性を連れ込んでいるのならば、もしも救済がないのならば、そしてもしも合理的に設定された世界の未来が世界を今までどおりあらゆる可能性へ開かせておくことができているのならば、大気を満たす風や光のようなあの叫び**以上に**価値あるものは何もないということになる。たとえわずかにしか雄々《おお》しくないにしても、恐怖に、すなわち明日への配慮に、いささかの余地も与えておかないあの叫び**以上に**価値あるものは何もないということになる。そして、もしもこのようであるならば、もしも私のなかで喜びである果てしない苦痛、あるいは無限の苦痛である喜びが、肯定《こうてい》されるのならば、もしも「私を位置づけるこの喜び以上に価値あるものは何もない」と私が言う、いや言わねばならなくなったのならば、そのときには私のそのような肯定は、私を一挙にある地点へ、つまり私の感性がもっとも厳しい試練に出会う地点へ、位置づけることになる。ところで、**今日では**この地点は、神秘的な寓話化によって天空の高みへ導《みちび》かれた十字架上のイエスの苦痛ではありえないし、仏教徒のみすぼらしい死体の山でもありえない。むしろこの地点は、ヒロシマの比較を絶したおぞましさにこそなりうるのである。これは、ある特定のおぞましさが他のより衝撃的でないおぞましさに較べて私を強く引き止める権利を持っているからではない。そうではなく、じっさいにヒロシマのおぞましさが、飛び交う昆虫をランプが引き寄せるように、私の同類たちの注意を引きつけるからなのである。この意味でハーシーの『ヒロシマ』がランプの価値を持つことに、とりわけ驚《おど》くこともないだろう。彼のこの本は、今後しばらくのあいだ、人類の苦痛の可能性に、耐えがたいほどのまぶしい輝きを与えることになるだろうと私は思っている。たしかに、人類の苦痛の諸可能性ははるかにこの本を凌駕《りょうが》している。しかしこの本は、これらの可能性の象徴と証拠になる。

私はそう思っている。そして、耐えがたいもののレベルに瞬間の叫びを置かねばならないのだとしたら、ハーシーの『ヒロシマ』から湧《わ》きあがる感情は、人が簡単に認めることができるような外面的な表現などとしてまかりとおることはまずありえないのだ。

ここまでくると、一つの態度の根本的な様相が際立《きわだ》ってくる。すなわち、至高の感性の人間は、不幸を真正面から見つめているため、もはやこんなふうに即座に言ったりはしない。「この不幸をなんとしてでも撲滅《ぼくめつ》しよう」。まず彼はこう言うのだ。「この不幸を生きよう」。瞬間のなかで、最悪のもののレベルにまで生のあり方を高めよう。

しかしそれでも、撲滅できるものを撲滅するということを誰も断念しはしない。もしも、不幸を避《さ》けたいと欲するのはむなしいことだと示したいだけだったのならば、私は、ここまでのことを書きはしなかっただろう。私は、不幸の部分を**減少させる**ことしかできない努力を、逃避に基づくものとして、描き出してみた。今人々は、すでに歩んだ道を辿《たど》っているため、ただ漠然とした関心を引き起こしているだけで、相変わらず無力さのなかに留《とど》まっている。私はそのことをただ想起させたにすぎない。そして当然、うめくばかりでヒロシマの事態の考えに耐えられずにいるよりは、ヒロシマの高みで生きるほうがいい。じっさい、人間は、可能なことすべてに対応することができる。いやむしろ、こう言うべきか。不可能なものこそが唯一人間に見合うものなのだ、と（人間という存在は、可能性が――未来が――目前で消え去る瞬間以前に、はたして人間自身として**完全に**存在しているのだろうか）。だがこういった考えは一つの頂点を指し示している。人は、かりにこの頂点の周辺付近で生きているにしても、だからといって、いまもって存続しているこの人類の生を、つまり全体として眺めてみれば、美しくて素晴らしい生、愛されるに値《あたい》する人類の生を手放してしまったというわけではないだろう。私とて、瞬間の至高性が有用性を見下ろしているように思えるときでさえ、いささかもこの持続しうる人類から身をそらしてはいない。この人類が美しく素晴らしいのは、もっぱら瞬間がこの人類に取り憑《つ》いて酔わす限りでのことでしかない。私はそう言いたい。しかしだからといって私は持続を無視するつもりはない。ただし、この持続は、瞬間によって消えゆく輝きへ差し向けられる、そういう持続なのだが。重苦しい配慮、明日への恐怖心が人を雄弁にし、いつも誇張《こちょう》して行動を語らせようとするのだが、私には、そんな配慮や恐怖心よりも、限界の彼方《かなた》へ私を運んでいく動きのほうがずっと好ましく思える。行動を優越させて成り立っているこの世界の無力さ、そしてこの無力さの究極の表現である原子爆弾は、明らかに憎《にく》むべきものである。そして私が至高の感性について語ったのは、まずは、ハーシーの本の至高の価値によってそう促《うなが》されたからなのだが、それだけではない。この至高の感性の世界、つまり瞬間が優越する世界が、今しがた私の示した袋小路を回避させる唯一の世界であるからなのだ。私はそう確信している（ただしこの感性は、それ自身では、少なくとも初めのうちは、行動の原動力にはなりえないのだが）。こうした可能性を喚起《かんき》するのはまったくの夢物語というわけではない。というのも、**この可能性が、現代経済の本質のなかにすでに与えられているからである**［訳注11］（このことは、この可能性がすぐに我々の手の届くところにあるということを意味してはいないが、しかしまったく実現できないというわけでもないのである）。

　周知のように、アメリカ合衆国の産業の発展は今やきわめて高い段階に達しており、そのため、この国は、過剰生産物を国外へ売りに出さねばならないのだが、その量が多くて見返りをもはや期待してはならないところまで来ているのである。見返りを期待できないというこの流通の支障それ自体がまた、生産力の増大に拍車をかけている。この問題に関して忘れてならないのは、爆弾というかたちで使用された原子エネルギーが、今後は、重大な規模で、生産エネルギーの資源の増大をもたらしうるということである（爆発性のウラニウムあるいはプルトニウムの軍事目的での生産が、近い将来、副産物として大量の発電用の熱を提供するようになるかもしれないのである)。

とすれば、アメリカの活動の通常かつ必然的な動きが、それに対応する見返りのないまま、地球全体にわたって生活の設備を調《ととの》えるという事態へ難なく到達するかもしれないのである。[訳注12]もちろんこれは、利潤追求の法則に従《したが》った活動の既存の条件内では、ありえない話だ。しかしこの場合の不可能性は究極の不可能性ではない。というのも、利潤を断念することが、それに見合った不可能性の前に人を立たせるからである。この意味において、ゆっくりとだが、活動の領域で完全な逆転が起きている。すでに今から、明日への配慮が、明日への配慮の唯一の基盤になってしまっている。つまり目下、明日への配慮に我々が支配されているのは、一般的に、活動が根本から明日への配慮に基づいている限りでのこと、唯一この限りでのことでしかなく、もはや資源の不足にあおられてのことではないということなのである。**精神**がこの配慮から解放されれば、**肉体**のほうもすぐに解放されるだろう。そうした状況は、今我々を懸念させている視点[訳注13]に立つと、さらにまた別の帰結をもたらす。ソ連邦に生活の設備を調えてやること（かなり近い将来、ソ連邦はアメリカ合衆国の生産過剰の次元に達するだろうが）は、アメリカにとっては、軍事上の勝利よりも安くつくだろう。ある意味で、この操作を行なうことはこれを回避することよりも容易だろう。ところで、この操作は世界の生の状況を根源的に変えることになるかもしれないのだ。生産力の全般的な——しかも過剰な——発展のある段階を越えると、経済の問題は、毎年深刻になっていき（奇妙にさえなっていき）、ついには軍事的な解決には見合わなくなるだろう。富の確実さが、軍事的解決を遠ざけるようになるかもしれない。いや、唯一軍事的解決を遠ざけることができるのは、富が確実になることだけなのである。言い換えれば、未来の優越が今現在の優越へ移行すること、これだけなのだ。たしかに、実現を困難にさせているような根本的な要因を否定するのは子供じみたことかもしれない。しかしこれらの支障にもかかわらず、目下の袋小路が、このような、ありえないような飛躍を必要にしていることを見ないというのもまた子供じみたことなのだろう。いずれにせよ、現代の活動の体系が存続困難であるのは明白であるし、追いつめられたこの世界は、急激な変容を運命づけられているのである。

活動の世界は不安をいっぱい含んだ古いスポンジである。この活動の世界は、自分の動きによってなんらかの早まった破壊へ導かれているのだが、鎖のようにつらなる瞬間の道徳の反応の意のままにもなっている。この瞬間の道徳はこう語っているのだ。「私は存在している。今、この瞬間に存在している。私はこの瞬間を何にも従属させたくないのだ」。

あるいはこうも語っている。「富は、地上においても天空においてもおしみなく消費されている」。たしかに一個の道徳は、どれほど明瞭に経済に関わっていても、経済の基盤をくつがえすことはできない。だがこの基盤はそれ自身でくつがえるのだ。そして道徳は、突然ほとばしる光のように、この転覆から生まれるのである。【原注5】

（了）

【原注】

【1】ジョン・ハーシーのルポルタージュ『ヒロシマ』は当初、『ニューヨーカー』誌一九四六年八月三一日号に紙面すべてをあてた掲載というかたちで出版された。その反響は最初からたいへんなものだった。なにしろ発売から数時間でこの号は売り切れてしまったのだから。その後、アメリカ合衆国および世界各地の新聞がこのルポルタージュを再掲載した。『フランス・ソワール』はフランス語による全訳を一九四六年九月一〇日から二八日にかけて連載した。同年の一一月には合衆国とイギリスで書物として刊行された。

【2】強調はバタイユによる。

【3】《至高の感性の人間》は《瞬間の人間》であるのだから、語呂合わせでは《原子の人間》ということになる。というのも、ギリシア語でアトムなる語は瞬間を意味するのに用いられていたからだ（アリストテレスと聖パウロはこの意味でこのギリシア語を使用した）。

【4】この場合、「神秘的な」という語の意味はもっぱら感性的な状態にのみ関係している。ニーチェはこう書いていた（一八八四年の遺稿覚書から）。「新たな力の感情。神秘的な状態。

そして、そこへ到達するための道として役立つもっとも明晰で大胆な合理主義。」

【5】私はここでは一般的な理論を展開することはできない。そのきわめて簡略な見取り図ならば、仮のかたちで、『星座（自由フランス）』誌一九四六年、第六五号、五七頁に掲載しておいた。［訳者注：なおこの「見取り図」は「宇宙規模の経済」の題名で発表され、目下ガリマール社版『バタイユ全集』第Ⅶ巻の冒頭に収録されている］

［訳注］

［1］セネカの言葉「栄光は影のように美徳のあとに付き従う」を踏まえていると思われる。

［2］大都市では京都と広島が一九四五年八月になってもまだアメリカ軍の空襲を受けておらず、そのことが逆に広島市民に不安を与えていた。

［3］このラジオ放送は原爆投下から一六時間後におこなわれた。

［4］『猶予《ゆうよ》』（一九四五）はサルトルの連作小説『自由への道』（一九四五―四九）の第二巻。一九三八年九月三〇日のミュンヘン会談で英仏政府がドイツのヒトラーの領土要求（チェコスロバキアのズデーテン地方）を呑《の》んで大戦勃発を回避した事態（題名の猶予はこれを指す）を背景に、それ以前の一週間の多様な人間の行動が、同時進行の形式で巧みに表現されている。なおバタイユが「フランスでは」とことわっているのは、アメリカの小説に先駆的な類例があるからだろう。じっさい、ジョン・ドス・パソスがこの手法を用いて三部作の小説『U・S・A』（一九三〇―三六）を発表している（サルトルはこの作品に想を得ている）。他方で、ハーシーは、ソートン・ワイルダーの『サン・ルイス・レイ橋』（一九二七）――ある修道士がペルーの名橋の崩落事故に偶然遭遇した五人の犠牲者の過去を探ってこの事故の神慮を探る物語（一九二八年にピューリッツァー賞を受賞している）――を読み込んで『ヒロシマ』の表現方法を練ったという研究報告もある（Michael J.Yavenditti, « John Hersey and the American Conscience : The Reception of « Hirosima » », *Pacific Historical Review*, Jan 1, 1974,43,p.34）。

［5］『パルムの僧院』（一八三九）はスタンダール晩年の長編小説。ワーテルローの戦いの場面から本格的に始まる。この戦闘は、一八一五年六月一八日にナポレオンの率いるフランス帝国軍がベルギーのワーテルロー村付近でイギリス、オランダ、プロイセンの軍隊と戦って敗れ、ナポレオンの百日天下を終わらせた歴史的な戦いである。スタンダールのこの小説

では、ナポレオンに心酔しこの戦闘に加わった主人公、一七歳のイタリア人貴族ファブリス・デル・ドンゴの動きに密着して話が進められ、兵士たちやワインの酒樽を引く従軍酒保《しゅほ》の女性の模様が生き生きと表現されている。なおかつ、スタンダールは、物語のその後の展開に巧みにこの戦いの場面を接続させている。この直後のバタイユの言葉を借りれば、「スタンダールの戦場表現は、ある配慮によって人間化されている」「個人の視像、それもかつてはなかば動物的であった視像を人間的な表現のなかへ**歴史的に**挿入《そうにゅう》している」。

［6］　広島市全体が一瞬にして壊滅状態になったため、原爆投下直後の正確な死亡者数を算定することは不可能だった。ハーシーの『ヒロシマ』によれば、「人口二四万五〇〇〇人の都会で、即死もしくは致命傷一〇万人、負傷者一〇万人以上にのぼった」。『原爆災害　ヒロシマ・ナガサキ』（広島市・長崎市原爆災害誌編集委員会編、岩波現代文庫、二〇一一年）によれば、一九四五年八月六日の広島市の所在人口はおよそ三四万から三五万人。被爆後急性期（二～四ヶ月以内）の総死亡者数は九万～一二万人と推定されている。

［7］「至高の」（souverain）、「至高性」（souveraineté）は一九四〇年代からバタイユがよく用いるようになった概念。一九五〇年代に書かれた遺作『至高性』の冒頭にこの概念が詳しく定義されているが、この冒頭およびその他のテクストでのバタイユの言及をまとめると、

「至高性」の重要な点は以下の諸点である。①何にも仕えず、従属しない自由で自律的な意識の状態。②富あるいはエネルギーの無益な消費。③将来の目的をめざす「企て」、「明日への配慮」を振り払って、今現在を十全に生きる現在重視の姿勢。④理性を否定するというのではなく、理性の体制を一時超出するという超理性的な姿勢。⑤個人的で利己的な快楽実現ではなく、他者あるいは外部の世界と深く交わっている共同的な関係性。

［8］　アンドレ・マルロー（一九〇一―七六）はフランスの小説家。一九三〇年代に共産主義に接近したが、とりわけ第二次世界大戦中は自由主義の立場からファシズムに抵抗。戦後はド・ゴール政権に参加し、情報相や文化相を歴任した。この発言は次に紹介するアーサー・ケストラーの文章の中の発言に近いが、詳細は不明。「ある共産主義作家会議の席上、建設中の〝すばらしい新世界〟［＝シェークスピアの言葉だが、ここではソ連邦を指す］に関する何時間もの議論のあとで、アンドレ・マルローはたまりかねてこう尋ねた。「では列車に轢《ひ》かれた人間はどうなるんだ？」唖然とした雰囲気に直面し、彼はそれ以上固執しなかった。しかし会場にいた我々各人の内部には固執する声があったのだ。個人の延命への信仰はもう絶たれて久しい。つまり、我々が何にもまして親密に愛し嫌悪している自我の不滅への信仰から我々はもう切り離されている。この切断の傷跡はまだいやされていない。たしかに、バリケードの上で殺されても、科学の犠牲になって死んでも、その死は何らか埋め合わされる。

しかし列車に轢き殺された人や、溺死した子供はどうなるのか。中世ゴシックの時代の人々ならばこうした問いへの答えを持っていた。目に見える次元での事故は、高い次元の摂理の一部と見なされていた。運命は盲目的ではなかった。嵐、火山、洪水、疫病、これらはみな神秘的な構想に則《のっと》って生じたことととされていた。あなたがたは高い次元から加護を受けているというわけだ。食人種も、エスキモーも、ヒンズー教徒も、キリスト教徒も、この究極の問いへの答えを持っている。しかしこの問いは我々においては、抑圧され、鼻先であざけられ、恥ずかしげに隠蔽《いんぺい》されてはいても、行動の究極の規範になっている。つらい沈黙のあとにマルローが得ることができた唯一の答えは、次のようなものだった。「完全に社会主義化されている運輸システムでは事故など起きないでしょう。」」（Arthur Koestler, *The Yogi and the commissar*, Jonathan Cape, London, 1945, p.126）

［9］　一八〇七年二月のプロシア軍とのアイラウの闘いで辛勝したあとナポレオンがフランス軍死傷者二万二千人に関して語ったとされる言葉「パリの一夜がこのすべてを埋め合わせるだろう」による。

［10］　《永劫回帰《えいごうかいき》》の神秘的体験ということでバタイユの念頭にあるのは、次のようなニーチェの書簡の言葉である。バタイユはこの一節をしばしば自分の論文のなかに引用している。

「ねえ君、歳月が流れて、いままた頭上には八月の太陽だ。山や森は静かになって、平和がやってきた。僕の地平線のうえには、まだ考えてもみなかったようなそんな思想［永劫回帰の思想］がたち昇っていたのだ。そのことはなにひとつ漏《も》らさないでおいて、いまは揺るぎないこの静穏《せいおん》のなかに身をおいておこう。生きていかねばならぬとしても、きっともう二・三年のことだろう！　ねえ、ほんとうは、ひどく危険な生活を送っているのだと、そんな考えがおぼろげに僕の頭をかすめることもしばしばだ。なぜって、この僕は破裂してしまうかもしれない機械の一部だからだ！　僕の感情が強まったり、弱まったり、そのたびに僕は戦ったり、笑ったりしているのであって、――もう二・三度、部屋から出ていけないこともあった、というのもおかしな理由からで、――つまり僕の眼が赤く充血してしまったものだからね、――なぜかって？　そんな眼の充血する前日には、きまって僕は散歩にでかけて、さめざめと涙を流してしまったからだ。涙といっても、感傷の涙ではない。歓呼《かんこ》の涙だ。そんなときの僕は、どんな人にも先がけて僕には見える新しい眺めに満たされて、歌をうたったり、意味のないことを口走ったりしたものだ。」（スイスのシルス・マリーアで執筆された一八八一年八月一四日付けペーター・ガスト宛のニーチェの書簡より、『ニーチェ書簡集Ｉ　ニーチェ全集別巻1』、塚越敏訳、ちくま学芸文庫、一九九四年、五〇一―五〇二頁）

［11］　ここからバタイユは戦後の彼の持論である「普遍経済学」へ議論を転じていく。バ

タイユはすでに一九三〇年代から「消費の概念」などの論文で独自の経済理論を発表していた。無益な消費を中心にして世界経済の動きを考察する姿勢は第二次世界大戦中の彼にも見られる（遺作『有用性の限界』）が、戦後はあらたに量子力学や天文物理学の成果を取り入れて、地球規模で余剰エネルギーの必然性を考察の出発点にすえていく。そして余剰資金、過剰生産物（とくにアメリカ合衆国の）の消費、贈与、分配を考え、世界戦争回避の可能性を模索するようになる。この論文の末尾の数節はこの世界規模の経済学の素描であり、一九四九年刊行の『呪われた部分《普遍経済学の試み》―第Ⅰ巻　蕩尽《とうじん》』ではよりいっそう詳しく議論が展開されることになる。

［12］　バタイユのこの発言は、アメリカによる欧洲復興計画いわゆるマーシャル・プランの発表（一九四七年六月）を約半年、先取りしていることになる。このプランは、バタイユの考えているような地球規模ではなく、ヨーロッパに限定されていたが、経済面では「見返り」を期待しないほぼ無償の経済援助計画だった。

［13］　東西陣営の対立のこと。ソ連邦を中心にする共産主義諸国とアメリカ合衆国を中心にする自由主義諸国との「冷戦」を指す。第二次世界大戦の終結した一九四五年からベルリンの壁が崩壊した一九八九年まで続いた。

訳者あとがき

ヒロシマは今も私たちの心の底で生き続けている。

八月六日、八時一五分、原子爆弾が投下されたその日時に合わせて、現在も多くの人が黙祷《もくとう》を捧げる。

一九四五年（昭和二〇年）のこの日に広島で死んでいった人々、数日後、数ヶ月後、数年後、数十年後に死んでいった人々の霊に、今も多くの人が追悼の祈りを捧げる。

ヒロシマは、深い道徳性をもって、私たちの心の奥底で生き続けている。祈りを捧げる人の根底でも、捧げない人の根底でも、生者の道徳の行方《ゆくえ》をじっと見つめている。生者たちが当然だと思い、繰り言のように語る道徳を、あの日のヒロシマが、あの日のヒロシマを生きた死者たちの生が、じっと見つめている。生きているということの根底から、今生きる者たちを見つめている。

ヒロシマの人々の死を思うとき、誰しも同情を覚えるはずだ。人間としてあまりにひどすぎる。気の毒でたまらないという思いは、当然誰の心にも湧いてくる感情だろう。そして、生き残った自分を責める気持ちが生じてくる。何もできず、申し訳なかったという自責の念だ。と同時に死者を高めて仰ぐ気持ちが生じてくる。彼らの死があったからこそ現在の自分たちがあるという畏《い》敬《けい》の念だ。

もちろん程度の差はあるだろう。同情の念にも自責の念にもさほど強く駆られずに生きている人はかなりの数いる。

とはいえ、黙祷を捧げず、憐《あわ》れみの言葉を発しない人でも、ひとたびヒロシマの人々の不幸を知らされると、心のどこかに、侵すことのできないもの、軽視することのできないものを感じるはずだ。なんとも言いがたい、しこりが心のすみに生じてくる。道徳の陰り、良心の影のようなわだかまりが。

だがヒロシマの死者たちは、もっと深い道徳性を、もっと豊かな生を、体現しているのではあるまいか。

もちろん彼らとて、憐れみの感情を否定したりはしない。いやそれどころか、彼ら自身、誰よりもその気持ちを実行に移そうとしていたのである。極限的な惨状のなかで、より重度の負傷者に同情を覚え、救命のために懸命になっていた人、それでいて何もできずにいる自分に強い罪責感を覚えていた人が多数いたのだ。

しかしそれとともに、彼らが生きた、そして彼ら自身が身体で示していたその極度の惨状は、生きているということの根源の層を表わしていたのではあるまいか。

私たちの、いや人間の、生あるものすべての、根源にある恐ろしいほどの生の力を、あの日のヒロシマのおぞましい光景が表わしていたのではあるまいか。それは、同情の念も自責の念も生の一つの表情に見せてしまう深さと大きさだった。そして、その一つの表情に駆られて堅固に築かれた生者の道徳観を狭いものに、堅苦しくて重たい蓋《ふた》のようなものに見せてしまう強い道徳の力だった。ヒロシマの死者たちは、誰よりも多く生を溢れさせながら死んでいったのだ。

語りにくい視点である。

ヒロシマの人々の凄惨《せいさん》な死を前にして語るのには道義的に困難を覚える視点だ。しかしフランスの思想家ジョルジュ・バタイユ（一八九七—一九六二）はあえてこの視点に立って論文を書いた。ヒロシマの深い道徳性に駆られていたからである。被爆直後のヒロシマの惨状を世界に初めて知らしめたジョン・ハーシーの『ヒロシマ』（一九四六）の発表のわずか数ヶ月後、彼は、このルポルタージュをもとに、論文を執筆し、一九四七年の初頭に発表した。本書の「ヒロシマの人々の物語」がそれである。

当時の日本とフランスが精神的に関係の薄い状態にあったことはバタイユも重々承知している。しかし、だからといってヒロシマの不幸への倫理観が彼に希薄だったということではまったくない。フランスはキリスト教道徳が国民のすみずみまで浸透している国である。人権を国是《こくぜ》として近代民主主義を立ち上げた国でもある。そしてまた、第一次世界大戦（一九一四—一八）では参戦国のなかで最も多くの戦死者を出した国だった。第二次世界大戦（一九三九—四五）においては、ナチス・ドイツに国土を蹂躙《じゅうりん》され、対独抵抗運動で多くのフランス人が死んでいる。戦争の痛みは身にしみていたと言ってよい。バタイユ個人においてもそうだった。

にもかかわらず、フランスは戦後すぐにまた戦争に加担した。一九四六年、インドシナ（現在のベトナム、カンボジア、ラオス）において旧宗主国のフランスは独立派との間で戦争を開始したのである。これが一九五四年まで続く。他方で第二次世界大戦が終わるとすぐにアメリカとソ連邦を二大対立国とする東西の冷戦が始まり、フランスもアメリカ側、つまり西側の自由主義国の陣営に入って、この戦争ならざる戦争に加わった。

フランス、そしてまた世界の多くの国が、こうして第二次世界大戦後もまた戦争の道に入りこんでいったのだ。戦争を悪いことだとみなしながら、戦争を避けられずにいる無力さ、曖昧さのなかにフランスもその他の先進国もいた。戦後のバタイユはこのようなジレンマを断ち切りたいと強く欲している。

彼はすでに戦前から「消費の概念」(一九三三)などの論文で、ものの見方の根本的な変化を説いていたが、戦後はさらに世界規模の視野でエネルギーの消費を語って、国家や地域という限定的な世界での利潤追求の姿勢をくつがえしていこうとした。そこにこそ、つまり、一国、一地域、一組織の利益を重視する姿勢にこそ戦争の原因があるとにらんでいたのである。と同時に戦争は、ある特別な瞬間に、ある激しい消費の瞬間に、この世界のエネルギー流を垣間《かいま》見せることがある。ヒロシマとナガサキの悲劇がそうだった。

一国の利潤を第一に追求して衝突した日本とアメリカの戦争はその果てでヒロシマとナガサキの極限的な惨状を引き起こしてしまったのだが、それは、本訳書の冒頭の凄《すご》みのあるバタイユの言葉を借りれば「地獄の人口が毎年五千万の霊魂で増えている」(本書、二頁)地球規模の消費の流れを開示した出来事だった。世界の生を体現して示す劇的な出来事だったのだ。ただしここでまたバタイユの冷徹な言い方を引けば、戦争での消費は「死者全体のわきでそんなに大きな場所を占めているわけではない」。この膨大な自然死の流れ、この「夜の核心」の、ささやかな欄外でしかない。だがそれでも、この「夜の核心」に開かれた事態として、その巨大な流れに加わる事態として、世界のエネルギーの濁流を開示する出来事だった。

今や、この世界のエネルギー流をしっかり五感で覚知し、限定経済の愚かさを認識して、戦争を克服するときが来ている。戦後のバタイユはそう考えて、矢継ぎ早に論文を発表していった。溢れんばかりの世界の豊饒な生の流れを肉体から意識し、世界規模の経済、彼言うところの「普遍経済学」の視点の必要性を説く論文をバタイユは次々に発表していった。本書に訳出した「ヒロシマの人々の物語」はそのなかの初期の論文にあたる。正確に言えば、戦時中に執筆し発表し、のちに『無神学大全』の総題のもとに統《す》べられる作品群（『内的体験』（一九四三）、『有罪者』（一九四四）、『ニーチェについて』（一九四五））から一九四九年刊行の『呪われた部分《普遍経済学の試み》―第Ⅰ巻　蕩尽《とうじん》』に至る間にあって、この二つの傾向の異なる作品を繋《つな》ぐ論文の初期に位置づけられる。バタイユ自身の書簡（一九五〇年三月二九日付けレーモン・クノー宛）によれば、この論文は、「ヒロシマのニーチェ的な世界」と書き変えられて、『無神学大全』に組み入れられる予定だったようだ。じっさい、この論文において普遍経済学はまだ最後の数頁でしか扱われていない。しかしそれでも、戦時中に追求された彼自身の神秘的な体験、世界の内奥の流れを覚知する内的体験が、ヒロシマというアクチュアルで世界的な問題に移されて、新たな展望を与えられている。ただし文章は、相変わらず、無骨でぎこちなく、ときに舌足らずで、脈絡をつかむのに苦労する。暴力的で圧倒的な生の力に突き動かされているせいで、そうなるのだろう。しかし新たな展望を切り開こうとする気迫が最初の一行から伝わってくる。人類に世界の見方の根本的転換を迫る野心作だと言ってよい。

世界的、普遍的という視点ならば、バタイユ以前にすでに何度も語られていた。しかしバタイユの世代の苦い認識は、つまり二度の世界大戦をくぐらされた世代の認識は、もはや既存の国際的、世界的、普遍的といった発想への失望にほかならなかった。既存の価値観、道徳観に従ったならば、また同じ間違いが繰り返されるという見通しに戦後のバタイユは立っていた。「人間的」、

「人道的」、「文明的」といった理念を普遍的な善とみなして人間の世界を律していくことはもうできないと判断していたのである。

じっさい、そのことはすでに第一次世界大戦のさなかに明瞭に示されていた。「西洋の内戦」と呼ばれるこの戦争において、人間的で、人道的で、文明的であるはずの西洋人が、敵と味方に分かれ、相手を非人間的、非人道的、野蛮とみなしながら、自らそのような行為に耽《ふけ》っていたのである。これらの普遍的な概念はどれもそれを語る国の独善的な見方に奉仕してしまう。その弱さが四年間にわたる戦争で露呈していたのだ。

だが第二次世界大戦後も同じ道徳基準が世界を支配した。

文明の概念を最上位において、人道に対する罪、平和に対する罪の視点から第二次世界大戦の戦争犯罪を裁く国際軍事裁判が戦勝国主導のもとにおこなわれ、ドイツの戦争犯罪を裁くニュルンベルク軍事裁判はすでに一九四六年一〇月に終結し、日本の戦犯を裁く東京裁判も同じ視点から一九四七年初頭において続行中だった。そこでは戦勝国の罪はいっこうに問われないままだった。ここにおいても明らかに見えてきたのは、「文明」も、「人道」も、表向きは人類普遍という相貌を持ちながら、その実、戦勝国の正当化にしか寄与していないというこれらの概念の弱さだった。戦勝国が正しい存在として生き延びていくための道具にしかなっていないという事情だった。そもそもこれら戦勝国が戦後の冷戦の主役であったのであり、陰に陽に植民地の独立戦争に関わっていたのである。冷戦の代理戦争であるかのように、独立側、抑圧側に回って自国の伸張をはかっていたのだ。

西洋を導いてきた既存の道徳観を超えていく必要があった。バタイユはニーチェの超キリスト教という見方を参考にする。キリスト教道徳に根差した西洋の人間的な道徳観を超えていく見方である。バタイユが重視していたのはニーチェの次の箴言《しんげん》だ。

悲劇的な人物たちが没していくのを見て、深い理解、感情、同情を覚えるのにもかかわらず、**彼らを笑うことができる**ということ、これは神的なことだ。

（ニーチェ、一八八二―八四年の遺稿断章。強調はニーチェ自身による）

一読して不謹慎《ふきんしん》きわまりない文言である。悲劇的な人物たちが死にゆくのを見て、笑うなどということが許されるのだろうか。だが、悲劇的な人物たちの生に触れるには、「深い理解、感情、同情」を覚えながらも、それを越えていかねばならない。「深い理解、感情、同情」に発する道徳は人間の生活を成り立たせている大切な要素なのだが、しかしそれだけでは、生の大きさが見えてこない。死にゆく悲劇的な人物たちが表わす生の豊かさが分からないのだ。この道徳を最初から無視した笑いならば、いくらでもある。単なる冷酷な笑いだ。ニーチェの笑いはこれとは違う。「神的な」と形容されている。「神の死」の哲学者が語る「神的な」という言葉の意味は、人間的以上の何かだという意味である。通常の人間のあり方を越えているということだ。人間の生が通常の理性的な生活を越えるような、とてつもない可能性を持ち、それをときにあらわに示しているからこそ、ニーチェはこの笑いを語り、「神的な」と形容したのである。

ジョン・ハーシーの『ヒロシマ』はアメリカの週刊誌『ニューヨーカー』（一九四六年八月三一日号）に発表されて大好評を博し、同年一一月には単行本化され、これもまたベスト・セラーになった。このときのアメリカの読者の多くは描かれた被爆者への「深い理解、感情、同情」の次元にあったのだと思われる。アメリカ人が憎き敵国の人間を、こういってよければ、野蛮視していた日本人をそのような人間的な次元で見るようになっただけでも、ハーシーの文章は功績大だった。

バタイユに言わせれば、「アメリカ人は、原子爆弾を発明し、製造し、投下した事実に苛《さいな》まれていて、フランス人よりもずっと不幸なのだ。アメリカ人の神経質な感性は冒《おか》されている」(本書、七頁)。これは、むしろハーシーの『ヒロシマ』を読んだあとのアメリカ人の反応と理解したほうがよさそうだ。ヤヴェンディッティの研究論文(訳注［4］の末尾で紹介)によれば、一九四五年八月一六日のギャラップの調査では、八五%のアメリカ人が原爆投下に賛成、一〇%が反対、五%が見解なしであったし、その後のアメリカには原爆使用の是非を問わない「冷淡な態度《アパシー》」が広まっていたという。ハーシーにしても、のちに引用するトルーマン大統領の原爆投下直後のラジオを聞いたときには、原子爆弾がファシズムと軍国主義への闘いを終結させると感じ、他方で被爆者への同情や罪の意識よりも世界の将来に不安を覚えたという。

だがその彼が、一九四六年五月末にヒロシマに入って、二週間、被爆者たちに取材を続けていくうちに、彼らの行動、考え、感情に人間的なものを覚えていき、しかもその報告を感傷的な文章にせず、政治イデオロギーの表明手段ともせずに、淡々と客観的に綴《つづ》った。それが効を奏して、この史上初の被爆リポートはヒロシマへのアメリカ人の関心を呼び覚まし、多くの読者を感動させたのである。

アメリカの読者はまず好奇心からこのルポルタージュを手に取ったのだろうが、しかし読みすすむうちに、ハーシーの抑制のきいた表現のおかげで、描かれた六人の被爆者の人間性にじかに触れたような思いになり、人道主義的な精神を刺激されて、同情と共感を覚えていったのだと思われる。しかしそれだけにまた、六人の被爆者を通して描写されるヒロシマの非人間的なおぞましさはアメリカの読者を当惑させたはずである。

バタイユが注目したのは後者のおぞましさのほうだ。たしかに彼もまた六人のヒロシマの人々が、身近のフランス人と同じような人間であることをまず強調している。しかしそれは、彼らを通して人間的な次元と非人間的な次元との接点を示したいがためなのである。フランス人と同じ人間が人間的な次元から非人間的なおぞましさに出会っていたことを示すためなのである。

ハーシーによって描かれた六人の被爆者のなかで際立った活躍をするのはプロテスタントの牧師谷本清氏だ。爆弾が投下された直後彼は爆心地から離れたところで岩の間に身を隠したため無事だった。そのあと彼は地獄絵のヒロシマ市内に入っていき、残留放射線が充満していることなどつゆ知らず、落とされた爆弾が何であるかさえ分からないまま、献身的に人命救助にあたる。キリスト教の人道主義、人間としての深い同情心からそうするのだが、しかしそれゆえにまた、道すがら出会う多くの負傷者に何もできずにいる自分を強く責めたてる。罪の意識を覚え、謝罪の言葉すらつぶやきだす。一人、無傷であることに自責の念まで感じだすのだ。その彼が太田川から分岐した川にさしかかったとき目にしたのは、水を欲しながらも潮位《ちょうい》の上がる岸辺に横たわったまま溺死《できし》を待つばかりの人の群れだった。近寄ってみれば、彼らは爆発直後の熱線で大火傷《やけど》を負っている。しかも患部はひどく化膿し、夏の暑さで腐りかけている。色が変わり、腐臭を発している。バタイユが本論で注目しているハーシーの『ヒロシマ』の箇所をバタイユが引用するまま紹介しておこう。

谷本氏は、河の岸辺に横たわった負傷者を何人か発見した。彼らは衰弱《すいじゃく》しきっていたため、海の潮位《ちょうい》が増してきても動けずにいた。彼はこの人たちを助けにかかった。「かがんでひとりの女性の手を取ると、その手から皮膚がすっぽり抜け落ち、手袋に似た大きな塊《かたまり》になってしまった。このため彼は気分が悪くなり、一瞬しゃがみこんでしまった」。谷本氏は、小舟を借りて、やっとのことで、負傷者たちの身体を岸辺のもう少し高い所へ移すことができたのだが、しかし翌朝になると、潮《しお》がさらに高くなって彼らを溺死《できし》させてしまった。私がこの一事を引用するのは、かくも無益な勇気のおぞましさのためではない。この挿話《そうわ》をしめくくる次の文章のためなのだ。「**彼は意識をはっきりもって絶えず自分にこう言いきかせねばならなかった。これは人間なんだぞ、と**」。こうした物語の全体から浮かびあがってくるのは、これら不幸な人々によって維持されていた人間的な振る舞いが、動物的な朦朧《もうろう》状態の根底の上でかろうじて続いていたという事実である。

（本書、一七―一八頁、強調はバタイユによる）

ヒロシマに対する人間的な振る舞いの純粋なあり方として、つまり「動物的な朦朧状態」を欠いた態度としてバタイユが本論で紹介しているのは、原爆投下の一六時間後になされたアメリカ大統領トルーマンのラジオ放送である。「この爆弾の威力は、T・N・T火薬二万トンの威力よりもまさる。その爆風は、兵器技術がこれまでに作り上げた最大の爆弾、すなわちイギリスの

《グランド・スラム》の爆風をしのぐこと二千倍である」(本書九—一〇頁)。これは、戦争の歴史の中で核兵器を位置づけて、その威力を誇る発言である。そこには、人間の枠組を越えてこれを捉え返す視点はまったくない。これでは戦争は絶たれるどころか激化されていくばかりだ。その事情はヒロシマを一つの科学実験の場だったと捉える見方でも同じだろう。原子力を軍事技術に応用するための実験と捉える見方である。バタイユによれば、当時の大方のフランス人は、その実験の結果に想像力を動転させはしたものの、基本的にヒロシマを科学実験とみなしていた。だからこそ、ヒロシマの被爆者の動物的で感性的な体験をみごとに再現したハーシーの報告はフランス人にまず読まれねばならないと説くのである。さらに言えば、普遍を標榜する「文明」や「人道」の概念が国家の独善主義の手先に堕していった轍《てつ》を再び踏まないためにも必要なのである。新たな見方を根無し草にさせないために、地球規模のエネルギー流に根ざした真の普遍的な見方にさせるために、必要なのである。しかしまた、動物的な体験だけでは新たな見方は呈示できないのだ。

ハーシーの記述の特徴は、バタイユによれば、「人々を個別に、動物的に、襲《おそ》った大惨事を徐々に理解可能な表現へ変えていく、ゆっくりした啓示」(本書一四頁)にある。ハーシーは動物的という言葉は使っていないが、この記述の仕方は、バタイユのこの当時のテーマである「動物から人間への移行」にある程度呼応している。ある程度というのは、このテーマでは、動物から人間へ認識の程度が高まった段階でまた動物的なものに、非人間的なものに、人知を越えるものに出会って、人間的な認識が破られ破綻をきたすからである。これはしかし動物的な段階に舞い戻るということではない。今やこの打ち破られた人間の限界線上では、内から外へ、外から内へ、生がさかんに流れているのであり、その生を意識することがぎりぎり成されている。恐怖から歓喜まで多様な感情に襲われながら、成されているのである。

先ほど引用した谷本清氏の川べりでの体験、「**彼は意識をはっきりもって絶えず自分にこう言いきかせねばならなかった。これは人間なんだぞ、と**」ある体験こそ、まさに人間の限界において人間的とは言いがたい生の力に出会って、理性の体制が打ち破られた瞬間なのである。そうして、死の間際でむき出しになったこの被爆者たちの生と交わり、ぎりぎりの意識でこの生を知覚している場面なのである。バタイユは、感傷を排して、憐憫《れんびん》も同情も越えて、ヒロシマをこの高みで生きようとする。「もしかりに我々が、感傷癖を捨てつつ、感性的感動の可能性の極限へ決然と向かったとする。それこそ人間的な態度なのだが、そうしたとき我々の眼の前に現《あら》われるのは、動物的な苦悩の果てしない《不条理》なのである」(本書、一九頁)。

一九四九年の『呪われた部分』ではこの体験は「自己意識」の体験と呼ばれ、もう少し冷静に議論が進められている。この場合の「自己」とは個人の持つ自我のことではない。私とか彼といった人称とは関係のない生の広がりと力のことだ。個人の内部にも世界の根底にも見出せる。フロイトの「エス(それ)」やニーチェの「ディオニュソス的なもの」と近いのだが、バタイユは、生の力の現れをとりわけ、激しい消費として、物の破壊や人体の腐敗にみられる蕩尽《とうじん》として強調している。

そのような消滅のなかに現れる生を日本の小説家がみごとに表わしているので引用しておこう。バタイユとは縁もゆかりもない作家である。しかしそれだけに重要なのだ。ヒロシマの谷本清氏の体験がフランスのバタイユにも、その他の人にも出会える普遍性を持っているという意味で、つまりヒロシマの生の普遍性を立証する意味で重要なのである。ヒロシマとは直接関係のないところでもヒロシマに出会える可能性があることを教えているのだ。北條民雄（一九一四―三七）の書いた『いのちの初夜』（一九三六）の一節である。主人公の尾田高雄はハンセン病を患《わずら》い、専門の療養所に入所したばかりである。その最初の夜のことだ。ハンセン病は当時、癩病《らいびょう》と呼ばれ、肉体が滅んでいく不治の病だった。尾田は悲観して所内の林の中で自殺をはかるが死にきれず、それを蔭で見ていた先人でより重症の佐柄木に強く諭《さと》される。尾田の眼の前で腐った眼窩《がんか》に義眼を入れ直し、「同情ほど愛情から遠いものはありません」と断ったあとで、佐柄木は、死んでいくばかりの重症者たちを指しながら、見方の転換を迫るのだ。人間の視点から肉体の滅びにこだわるのではなく、いのちの視点に立て、と。


「尾田さん、あなたは、あの人たちを人間だと思いますか」

佐柄木は静かに、だがひどく重大なものを含めた声で言った。尾田は佐柄木の意が解しかねて、黙って考えた。

「ね尾田さん。あの人たちは、もう人間じゃあないんですよ」

尾田はますます佐柄木の心が解らず彼の貌《かお》を眺めると、

「人間じゃありません。尾田さん、決して人間じゃありません」

佐柄木の思想の中核に近づいたためか、幾分の昂奮《こうふん》すらも浮かべて言うのだった。

「人間ではありませんよ。生命です。生命そのもの、いのちそのものなんです。僕の言うこと、解ってくれますか、尾田さん。あの人たちの『人間』はもう死んで亡びてしまったんです。ただ、生命だけがびくびくと生きているのです。なんという根強さでしょう。誰でも癩《らい》になった刹那《せつな》に、その人の人間は亡びるのです。死ぬのです。社会的人間として亡びるだけではありません。そんな浅はかな亡び方では決してないのです。廃兵ではなく、廃人なんです。けれど、尾田さん、僕らは不死鳥です。新しい思想、新しい眼を持つ時、全然癩者の生活を獲得する時、再び人間として生き復《かえ》るのです。復活そう復活です。びくびくと生きている生命が肉体を獲得するのです。新しい人間生活はそれから始まるのです。尾田さん、あなたは今死んでいるのです。死んでいますとも、あなたは人間じゃあないんです。あなたの苦悩や絶望、それがどこから来るか、考えてみてください。一たび死んだ過去の人間を捜し求めているからではないでしょうか。」

（北條民雄『いのちの初夜』、角川文庫、四〇―四一頁）

北条民雄とバタイユはまったく同じことを語っているわけではない。しかし今このときを注視し、むき出しになった生命を正視せよという思想において両者は出会い、向き合っている。人は言うかもしれない。バタイユはハンセン病に罹《かか》ったこともなければ、ヒロシマの熱線を浴びたわけでもない、と。だがバタイユが問題にしているのは、外的な事実の比較ではない。外的な事実の近さを較べて、誰の発言が一番真正かといった見方をバタイユは取らない。誰が最も北條民雄の近くにいたか、誰が最も川べりのあの半死半生の人たちの近くで横たわっていたか。もしも最も近くにいた人が心の底から相手を理解していなかったのならば、どうなるのだろうか。

どれほど時間と空間のうえで近くにいようとも、たとえ同じ病を患い、同じ外傷を負っていても、一人一人の個人が絶望的に隔たっていることは、個人主義の染みこんだフランス人バタイユの熟知のところである。大切なのは、個の心の殻《から》を内側から破ることなのだ。そのきっかけならば、いくらでもあるはずなのだが、事実の比較に明け暮れる近代生活者は、そのきっかけをつかむ感性を鈍《にぶ》らせている。人の所業も自然界の現象も、等しく計量可能な物体のごとく処理して能率よく自己保存と生産に耽っているのが私たちの生活である。数値にこだわるトルーマンの発言は、原子爆弾の説明としてだけなく、近代の生活が必要にしている現実把握の仕方を代弁している。

本書末尾のバタイユの言葉を借りれば、そのような「活動の世界は、自分の動きによってなんらかの早まった破壊へ導かれているのだが、鎖のようにつらなる瞬間の道徳の反応の意のままにもなっている。この瞬間の道徳はこう語っているのだ。「私は存在している。今、この瞬間に存在している。私はこの瞬間を何にも従属させたくないのだ」」（本書、三四頁）。近代の生産中心主義の社会は戦争の拙速に簡単に陥る危険を持っているのだが、これに対置される「瞬間」とは、広大な生が一瞬のうちに展望され、消えていく窓口のことである。それが近代生活の進捗に「鎖のように」つらなって開かれては閉じられているのだが、近代人にはこの事態が見抜けない。バタイユは「好運」という概念を用いて、そしてまたニーチェの「永劫回帰」をこの瞬間の連鎖と解釈しながら、近代の日常のなかに「瞬間」の現れることを繰り返し語った。『無神学大全』の三作品はその記録であり考察である。

バタイユの言う「瞬間」とは、一秒とか二秒と言った数値で測れる時間のことではない。長さは不特定だ。大切なのは、この「瞬間」は偶然訪れるということ。そして、なんらかの目的に向けられていた意識が寸断されて、心に窓口のようなものが開いてしまい、そこから大きな生の流れが入ってくるということである。この流れは不条理で、気まぐれだ。穏やかに入ってくるときもあれば、激しく入ってくることもある。いずれの場合も、内側の生の流れを刺激して、増大させ、この窓口から外へ出て行くように誘う。誘惑とか魅惑という事態がこれにあたるが、バタイユは穏やかな生の交わり、つまり幸福感をもたらす幸運も、激しくて悪夢のような錯乱をもたらす不運も、ともに肯定した。偶然の生の到来それ自体を、好ましき運として肯定した。

バタイユはとりわけ風に、つまり突風や春の麦畑に吹きわたる風に、死をもたらす大きな生を感じ、心を震わせていた。『ニーチェについて』の副題は「好運への意志」だが、そこには嵐のなかで「窓の扉から無限の風が、さまざまな戦闘の猛威をのせて、幾世紀もの怒り狂った不幸をのせて、吹き込んでくる」とあり、バタイユはこの風に「運ばれていくのを感じる」とある。また『有罪者』のなかにはこんな記述がある。「私は、突風が自分を根こそぎにしてくれることを待っている……。その瞬間に私は、可能なことすべてに接近する！　と同時に不可能なものに接近する。私は、人間存在の反対物に到達できる能力、人間存在がかつて持っていたこの能力に今や達する。私の死と私、この両者が外部の風のなかへ滑っていく。そこで私は**自我の不在**に身を開くのだ」。

問題はこの無の感覚である。むなしさの実感である。

私たちは、近代生活に染まっていながら、近代個人主義の際立ちが西欧の人ほど激しくはない。本書で語られる消費の壊滅的なむなしさ、バタイユがヒロシマの惨状と等価に見るその内的なむなしさは、私たちにはおそらく最も実感として理解しがたいものだろう。西欧の個人を強く支えているのは、本文中のバタイユの言葉を借りれば「明日への配慮」、すなわち未来の目的に向かって進む生産的で建設的な精神である。この目的は西欧全体、国家単位、宗教単位、個々人とさまざまだが、この配慮を重視する姿勢は共有され尊ばれている。個人の殻が内側から決壊するときバタイユはまたこの「明日への配慮」も切断している。それゆえ、このむなしさは、絶望的なものとして、全面的なものとして、意識されてくる。『内的体験』の第一部では、このむなしさが「砂漠」と形容され、「現代人」との距離が語られているが、そこから見えるのは「プラトンの追憶が、キリスト教の追憶が、そして最も醜悪なものとして、近代の諸概念の追憶が、焼け跡の灰の野のごとくに広がっている」光景である。バタイユは、西洋の理性史の廃墟の感覚をもってヒロシマと対面している。

最後に「瞬間の道徳」について語っておこう。

この道徳は『ニーチェについて』のなかでは「頂点の道徳」と呼ばれ、「衰退の道徳」と対置されている。「衰退の道徳」とは私たちの日常生活を律している道徳で、これは、私たちが生き延びていくのに必要なものを生産したり維持する活動を支えている。この生産活動には勝利をめざす戦争も含まれるが、いかに武勇が発揮されていても、領土や支配の版図の拡大を目ざす動きは生命が衰退した状態だとバタイユは考えている。本書でバタイユが「行動を優越させて成り立っているこの世界の無力さ、そしてこの無力さの究極の表現である原子爆弾」(本書、三一頁)と言っているのは、近代戦争の精神を「衰退の道徳」に見ているからである。

だが、道徳という発想は、一見して、消費の瞬間体験に矛盾している。むなしさ、無意味、不条理という言葉で表現される体験が、道徳という他者への意味ある発言に接続されている。「無意味の意味」を追求する姿勢は、バタイユの、とりわけの戦後の著作活動に明瞭に見えてくる一主題だが、けっして意味の境地に留まることを指してはいなかった。無意味の体験に閉じこもることも、意味の言説に終始することも許さないものにバタイユは突き動かされている。それはちょうど被爆直後のヒロシマの人々に近いさまよいだった。先ほど引用した谷本清氏の川べりの体験に付されたバタイユの言葉をもう一度引用しておこう。「こうした物語の全体から浮かびあがってくるのは、これら不幸な人々によって維持されていた人間的な振る舞いが、動物的な朦朧《もうろう》状態の根底の上でかろうじて続いていたという事実である」。ヒロシマの人々がみせた人間へのこの困難な友愛をバタイユもまた引き受けている。「私とて、瞬間の至高性が有用性を見下ろしているように思えるときでさえ、いささかもこの持続しうる人類から身をそらしてはいない。この人類が美しく素晴らしいのは、もっぱら瞬間がこの人類に取り憑《つ》いて酔わす限りでのことでしかない。私はそう言いたい」（本書、三一頁）。

バタイユの普遍経済学はこのような人類への友愛から出発している。ただし、本書の最後に記されているその見取り図は現代からすればとうてい問題なしとは言えないものだ。設備投資が世界のすみずみまで行きわたれば戦争はなくなるという観測は、設備投資を度外視した狂信的なテロリズムの現実を説明できていない。

とはいえ、バタイユの普遍経済学は、「瞬間」の広大な生から、「役に立つ」という有用性の狭い経済、狭い生活姿勢を批判していく思想である。宗教、民族、国家、地域の名のもとに、ある理念が固定化され絶対視され、それに役立つことに人命の多くが捧げられている。二一世紀に入っても、事態は相変わらずバタイユ以前の光景を呈している。
私たちの根源にヒロシマの人々の生が激しい消費の水脈となって流れていることを、そして有用性の彼方でヒロシマを生きる窓口のあることを、バタイユは教えている。

本書は、バタイユが第二次世界大戦後自ら創刊した月刊書評誌『クリティック』の一九四七年一-二月合併号に彼自ら発表した論文の翻訳である。一九四六年一一月に出版されたジョン・ハーシーの英語版の単行本『ヒロシマ』(John Hersey, *Hiroshima*, Penguin books, 1946, 119p) への書評という形式を取っている。原題は「ヒロシマの人々の物語について」だが、訳出にあたっては端的に「ヒロシマの人々の物語」とした。訳文は原文の意味を汲んで適宜日本語を補った。またハーシーの文章に関しては原文の英語にあたったが、訳出においては本文に引用されているフランス語訳からおこした。

本文の邦訳はおよそ四三年前に発表された山本功氏の御高訳がある。他方でこの間、仏仏辞典、仏和辞典が更新され、ガリマール社版の全集が完成され、研究の方も進んだ。微力ながら、こうした利をいかして、新たな訳をおこし、多くの読者に届けたいと思った。

二〇一五年一月一八日

酒井健

ジョルジュ・バタイユ（一八九七—一九六二）

二〇世紀フランスの総合的な思想家。小説、詩も手がける。生と死の狭間の感覚的かつ意識的体験に人間の至高の可能性を見出そうとした。その視点から、エロティシズム、芸術、宗教、経済など、人文系の多様な分野で尖鋭な議論を展開した。キリスト教神秘主義、シュルレアリスム、ニーチェ哲学などに思想の影響源がある。著作としては雑誌『ドキュマン』発表の諸論考（一九二九—三一）、『無神学大全』（『内的体験』（一九四三）、『有罪者』（一九四四）、『ニーチェについて』（一九四五））、『呪われた部分』（一九四九）、『ラスコー、あるいは芸術の誕生』（一九五五）、『マネ』（一九五五）、『文学と悪』（一九五七）、『エロティシズム』（一九五七）、『エロスの涙』（一九六一）などがある。

酒井健（さかい・たけし）

一九五四年東京生まれ。現在、法政大学文学部教授。著書に『バタイユ　そのパトスとタナトス』（現代思潮社）、『バタイユ入門』（ちくま新書）、『ゴシックとは何か』（ちくま学芸文庫）、『バタイユ』『夜の哲学』『バタイユと芸術　アルテラシオンの思想』（青土社）、『シュルレアリスム』（中公新書）、『死と生の遊び』（魁星出版）、『魂の思想史』（筑摩選書）など。バタイユの訳書に『ニーチェについて』（現代思潮社）、『エロティシズム』『ランスの大聖堂』『純然たる幸福』『呪われた部分』（ちくま学芸文庫）、『至高性』（共訳、人文書院）、『ヒロシマの人々の物語』『魔法使いの弟子』『太陽肛門』（景文館書店）など。

ヒロシマの人々《ひとびと》の物語《ものがたり》

二〇一五年三月一〇日　初版発行

二〇二〇年七月一〇日　二刷発行

著　者　ジョルジュ・バタイユ

訳　者　酒井健（さかい・たけし）

発行所　景文館書店

愛知県岡崎市牧平町岩坂四八—二二

mail@keibunkan.com

発行責任　荻野直人

印刷製本　大日本印刷

ISBN 978-4-907105-04-4　C0010

景文館書店既刊

ヒロシマの人々の物語　ジョルジュ・バタイユ著／酒井健訳

魔法使いの弟子　ジョルジュ・バタイユ著／酒井健訳

太陽肛門　ジョルジュ・バタイユ著／酒井健訳

吉田知子選集Ⅰ　脳天《のうてん》壊了《ふぁいら》　吉田知子著／町田康巻末

吉田知子選集Ⅱ　日常的隣人　吉田知子著／町田康巻末

吉田知子選集Ⅲ　そら　吉田知子著／町田康巻末

カイヨワ幻想物語集　ポンス・ピラトほか　ロジェ・カイヨワ著／金井裕訳

日本語と哲学の問題　和辻哲郎著

天皇陛下にささぐる言葉　坂口安吾著